LE

MAL DE NAPLES;

SON ORIGINE ET SES PROGRÈS EN FRANCE.

LE MAL DE NAPLES;

SON ORIGINE ET SES PROGRÈS.

EN FRANCE.

Remedes qu'on a tâché d'y apporter, & Réglemens faits à cet Egard.

CE MAL, qui nous est venu du nouveau Monde, & qu'on ne connoissoit point au notre il y a environ deux cens Ans, se fit si bien connoître, & à Paris, & à la Cour, aux Gens qui cou-

courent aveuglément après leurs Plaisirs, qu'il en épargna peu.

GUICHARDIN demeure d'accord, & tout le Monde avec lui, que les Espagnols le gagnérent dans les Iles découvertes par CHRISTOPHE COLOMB, l'apportérent à Naples, & que les François, peu de Tems après, s'étant rendus Maitres de la Ville, le prirent-là, qui est le seul Fruit des Conquêtes que firent nos Peres de là les Monts, sous la Conduite de CHARLES VIII.

LES François, à ce que dit GUICHARDIN, l'appelloient *le Mal de Naples*; les Italiens, *le Bolle ó il Mal di Napoli.* D'autres le nomment *la Contagion Indienne*; les Allemans, *la Galle d'Espagne.* Présentement, en Italie, c'est le *Mal Francese*, & n'a point d'autre Nom.

LES Régitres de la Chambre du Conseil du Parlement de l'Anl'Année 1496 le qualifient ainsi: *Une certaine Maladie contagieuse, nommée* LA GROSSE VEROLLE, *qui, depuis deux Ans en ça, a eu grand Cours en ce Roïaume.* Si-bien que, selon les Regitres du Parlement, ce Mal ne commença à se faire connoitre à Paris qu'en 1494: &, cependant, les Historiens de ce Tems-là assurent que ce fut un An auparavant, mais si cruellement, & de sorte que, comme une Peste maligne, son Venin se répandoit par-tout.

FERNEL dit qu'il ressembloit si peu à celui d'à present, qu'à peine croit-on que ce soit le même, tant la Différence en est grande; &, de Fait, ceux qui l'avoient alors, enduroient tous les Maux imaginables. Ce n'étoient qu'Ulceres séreux, & qu'on auroit pris pour du Gland, à en juger par la Grosseur, & par la Couleur, d'où sortoit une Boüe vilaine & infecte, qui faisoit bondir le Coeur.

ILS avoient le Visage have, d'un Noir verdâtre, d'ailleurs si couvert de Playes, de Cicatrices, & de Pustules, qu'il ne se peut Rien voir de plus hideux; si bien qu'en les voïant chacun fuïoit, non seulement d'eux, mais de tous les autres qui venoient à les toucher, ou en approcher de trop prés.

CE Mal épouvantable toucha si fort de Compassion, que le Parlement, l'Evêque de Paris, le Prevost des Marchands & sa Suite, assistez des plus gros Bourgeois, s'assemblérent exprès pour y remédier. Dans cette Assemblée quelques Statuts furent dressés & entre autres:

QU'IL seroit fait Défenses à tels Malades de sortir de chés eux, ni de leurs Hopitaux. En-suite,

ſuite, on vint à délibérer ſur les Moïens poſſibles de ſubvenir à leurs Miſeres, & les faire ſubſiſter, de crainte que le Mal né paſſât plus avant, & ne ſe communiquât par la Fréquentation. Pour cela, dabord les Maiſons furent taxées à une certaine Somme. Un Logis d'aſſez grande Etenduë fut loüé au Faux-bourg St. Germain, avec deſſein, s'il ne ſuffiſoit pas, d'y joindre quelque Grange ou autres Lieux tout contre. L'Evêque enſuite, avec les Gens du Roi du Châtelet, travailla à dreſſer des Ordonnances, tant pour l'Entretien de ces Malades, que pour les guérir promptement, afin qu'ils ne puiſſent pas communiquer leur Mal. Le Parlement, cependant, voïant que tout ceci, attendu la Néceſſité preſſante, alloit bien lentement, afin de faire marcher un

 peu

peu plus vîte, en 1496, le 6 Mars, enjoignit aux Officiers du Roi du Châtelet d'y pourvoir, & là-dessus commit MARTIN DE BELLEFAYE, Conseiller de la Cour, pour y assister, avec l'Evêque, & les Magistrats de la Ville &, pour lors, les Articles suivants furent dressez, sçavoir:

QU'A' chaque Porte de la Ville il y auroit des Gens députez par le Prévost des Marchands, afin d'empêcher qu'il n'y entrât Personne atteint de cette Maladie.

QUE les Etrangers, tant Hommes que Femmes, qui, avant d'y entrer, l'avoient déjà, en sortiroient dans vingt-quatre Heures, sans pouvoir y rentrer qu'après être guéris.

QU'A' la Porte St. Jacques, aussi bien qu'à celle de Saint Denis, ils feroient écrire leur Nom,

Nom, & là recevroient quatre Sols Parisis pour leur servir à s'en retourner chez eux. Qu'aucun au reste ne fut si hardi, n'étant pas Etranger, de prendre cet Argent, ou de retourner à Paris, qu'il ne fut en parfaite Santé.

TOUS les Hommes, au reste, dans le même Tems, & sous la même Peine, devoient se rendre au Fauxbourg St. Germain, au Logis que j'ai dit. Quant aux Femmes, elles devoient se retirer aux Maisons qu'on étoit après à leur chercher; &, dans ces deux Endroits, tant les uns que les autres, ne devoient manquer de Rien.

A L'ÉGARD des Gens âgez, & des Pauvres honteux, il leur fut permis de demeurer chacun chés soi, & de s'y renfermer, sous les mêmes Peines, & dans le Tems même, avec parole à ceux qui étoient en Nécessité de

 leur

leur envoïer tout ce qu'il leur faudroit, outre la Permission de se faire recommander à la Paroisse, & qu'on quêtât pour eux. Mais enfin, il fut à tous défendu de sortir *sur Peine de la Hart.* Bien plus, le Prevost de Paris eut Ordre d'ordonner aux Commissaires & aux Sergens de mettre hors de la Ville tout autant de Gens atteints de cette Maladie qu'ils rencontreroient dans les Ruës; si non, de les mettre en Prison, afin d'être punis corporellement.

TANT de beaux Réglements n'empéchérent pas ce Mal de continuer & d'aller toûjours son Train. Aussitôt, nouvelles Taxes pour bâtir de nouveaux Hopitaux. Au Fauxbourg St. Honnoré, il en fut établi un pour les Femmes. En 1502, par l'Ordre du Parlement, le Receveur des Amendes & des Exploits,

ploits, le 5 Avril, leur donna cent Sols Parisis en l'Honneur de la Passion, pour leur aider à passer les Fêtes de Pasques, à la charge, qu'elles ne fréquenteroient point le Peuple. Depuis, en 1535, on prit pour ces Malades la Salle haute de la Trinité, où les Confreres de la Passion jouoient leurs Misteres, avec l'Hôpital St. Eustache, situé alors en la Ruë Montorgueil, au Coin de la Ruë Tiquetonne.

En 1556, on commença pour les Hommes, hors le Faux-bourg St. Germain, un Hopital sur la Riviere, appellé *la Santa*, & *le Sanital*, dans les Regitres du Conseil du Parlement; & encore *l'Hôtel-Dieu nouveau* dans un Plan de Paris fait vers ce Tems-là. AUBRY & GUIET, Bourgeois de Paris, le firent continuer. Pour l'augmenter, le Parlement permit, en 1581, de prendre 1500 Livres sur l'Abbaye de Molesme. Sur ces entrefaites, autre Changement arriva; car, en 1559, par Arrêt de la Cour, toutes autant de Personnes frapées de cette Maladie, qui se présentoient au Bureau des Pauvres, & à l'Hôtel-Dieu, furent conduites à l'Hopital de l'Ursine du Fauxbourg St. Marceau, dont le Revenu fut saisi pour leur Subsistance, & là un Commissaire établi, afin de le gouverner & en recevoir les Rentes. Avec tout cela, quoiqu'aïent pû faire les Gouverneurs de l'Hôtel-Dieu, jusques en 1614, ils n'ont sçu purger entiérement cette Maison de telle Peste.

L'Hôtel-Dieu exempt de recevoir les Vérolez.

LA prémiere Instance qui ait été faite, afin d'exempter l'Hôteltel-Dieu des Vérolez, fut en 1505, lorſque dans une Aſſemblée tenüe à l'Hôtel de Ville, trois Chanoines de Notre-Dame vinrent ſe plaindre du Deſordre que ces ſortes de Gens y faiſoient, remontrants en même Tems que, comme ils ne ſe ſentoient pas aſſés entendus à gouverner cette Maiſon, il plût à la Compagnie de nommer d'autres Directeurs à leur Place. Sur cela il fut ordonné, que trois Echevins avec quelques Bourgeois & le Chapitre ſe tranſporteroient ſur le Lieu, en attendant que, dans une autre Aſſemblée qui ſe tiendroit, où ſe trouveroient des Députez du Parlement, quatre Adminiſtrateur fuſſent choiſis.

DEUX Ans après, à la Requête du Prevôt des Marchands, & à la Priere inſtante de Perſonnes commiſes à l'Adminiſtration de de l'Hôtel-Dieu, il se fit une autre Assemblée par Ordre du Parlement à la Chambre du Conseil du Palais, où se trouvérent le *Président* BAILLET, L'ABBÉ DE ST. MAGLOIRE, le Doyen & le Penitencier de Paris, & un Président des Comptes avec quelques Officiers de la même Chambre, tout le Corps de Ville accompagné de Bourgeois, & enfin, les Administrateurs. Là, le Prevost des Marchands prit la Parole, & quoiqu'il fit sçavoir, que dans l'Hôpital il y avoit huit ou neuf vingt Malades de ce Mal honteux, d'ailleurs, qu'il étoit contagieux, & qu'il se gagnoit; & qu'enfin, il étoit à craindre que les autres Malades, les Religieuses, les Gardes, & le Reste des Domestiques, ne vinssent à le prendre, & à en être infectez, qu'ainsi il étoit nécessaire d'y donner Ordre

dre promptement. La Compagnie, néanmoins, se contentera d'ordonner qu'on travailleroit aux Réparations, & au Recouvrement des Utencilles nécessaires aux Hôpitaux déjà par eux bâtis auparavant, tant au Fauxbourg St. Germain, qu'à celui de St. Honnoré. Que, pour subvenir à cette Dépense, aussi bien qu'aux Nécessitez de ces Misérables, les Marguilliers feroient quêter dans leur Paroisse, & que l'Evêque accorderoit des Pardons & des Indulgences à ceux qui leurs feroient des Charitez. Que les Gens riches, & les Couvents, y contribueroient. Que, pour les gouverner, panser, & recevoir les Charités, le Clergé, le Parlement, la Chambre des Comptes, la Ville, & les Administrateurs de l'Hôtel-Dieu, nommeroient chacun une Personne de Probité & d'Expérience; & qu'enqu'enfin, à Son de Trompe, tous les Etrangers frapez de cette Maladie seroient chassez de Paris, sur Peine de Punition corporelle.

En 1535 on tint encore une Assemblée au Bureau de la Ville pour la même Affaire, ainsi qu'en 1505. Le Prevost des Marchands remontra, qu'à la Priere du Prémier Président, il s'étoit trouvé avec deux Echevins & deux Conseillers de la Cour au Bureau des Gouverneurs de l'Hôtel-Dieu, où il avoit été arrêté de séparer des autres Malades, ceux qui avoient la Figure & le Mal de Naples, &, quant aux Fraix nécessaires, que la Ville en seroit chargée & y fourniroit. A cela chacun acquiescat, & donnat les Mains. A l'Egard des Fraix, on trouva à propos de les rejetter sur le Roi, & de prier le Parlement de l'en avertir.

tir. Trois Mois après, la Cour ordonna à RICARD, Receveur des Pauvres, de donner aux Paroissiens de St. Nicolas des Champs atteints de cette Maladie 80 Livres Parisis des Deniers de sa Recepte ; &, parceque les Administrateurs de l'Hôtel-Dieu cessoient d'envoïer aux Malades de cette Paroisse les Utencilles qu'ils devoient leur fournir, elle les fit appeller par un Huissier. Non contents de cela, en 1541, après leur avoir fait entendre qu'ils ne devoient point se lasser de fournir des Draps à ces pauvres Verolez, sans avoir égard aux Raisons qu'il alléguoient, que leur Hôpital étoit chargé de Dettes, & regorgeoit de Malades, elle les obligea encore par ses Remontrances à leur faire tout le Bien qu'ils pourroient. De plus, en 1559, elle leur ordonna de s'assembler

à

à l'Hôtel de Ville, où se devoient trouver les Gens du Roi du Parlement, le Prevost des Marchands, & les Marguilliers de Saint Eustache, afin de mettre Ordre au plutôt, tant au Logement, qu'aux Vivres, Linge, & autres Nécessités de ces Malades, qu'on avoit tiré de chez eux. Mais enfin, la même Année, comme ils vinrent à promettre de paier tous les Mois vingt Livres, par maniere de Provision, au Maitre du Bureau des Pauvres, par ce Moien, non seulement, ils purgérent leur Hôpital de cette Peste, mais encore, ils s'exemptérent de fournir toutes les autres Choses à quoi on les avoit obligez en 1539, & 1541. Cependant, comme j'ai déjà dit, quelque Chose qu'ils aient pû faire, ils n'en ont été déchargez entierement qu'en 1614, le 13 Mai, lorsqu'ils offrirent

frirent de païer tous les Ans au Receveur-Général des Pauvres du grand Bureau la Somme de deux cens Livres ; si bien que le Parlement exempta l'Hôtel-Dieu de tout le Reste, & le grand Bureau en fut chargé.

LE Résultat de tout ce que j'ai raporté sur cette Matiere est, que le Mal de Naples étoit en effet une Maladie contagieuse, non seulement lorsqu'il commença à paroitre, mais même en 1614. Que d'abord son Venin étoit si dangereux, que la Peste la plus maligne ne l'est pas davantage. Une infinité de Personnes de tout Sexe, de tout Age, & de toutes Conditions, le gagnérent dabord. Il n'y a point de sçavant Médecin qui ne dise que c'étoit un Mal nouveau, incurable & inconnu, & c'est pour cela sans doute qu'on lui a donné tant de Noms differens.

SAUMAISE, cependant, dans son Livre *des Années Climatériques*, montre que les Anciens le connoissoient, & parce que MARIUS, qui écrivoit il y a plus de mille Ans, fait mention d'une Maladie, nommée *Variola*, L'ABBÉ MENAGE a prétendu qu'en cet Endroit il entendoit parler de la Verole, contre l'Avis des plus sçavans Médecins, qui tiennent que ce Mot signifie tout autre Chose.

QUOIQU'IL en soit, FRANÇOIS I gagna le Mal de Naples après avoir déjà éprouvé tous les autres, au Raport de MATHIEU, dont il fut longtems comme en Langeur avec de si grandes Douleurs, que quelquesfois elles lui arrachoient ces Paroles de la Bouche; *Dieu me punit par où j'ai péché*. LOUÏSE DE SAVOÏE, sa Mere, assûre que, dès l'Age de de dix-huit Ans, il commença à prendre du Mal, & dit dans son *Journal*, qu'en 1512, le 4. Septembre, il eut un Mal en la Part de secrette Nature. Si elle ne fut pas morte avant lui, elle n'auroit pas oublié sans doute que cette Maladie attira les autres, & auroit marqué le Tems qu'il vint à les gagner toutes, autant les anciennes, que les nouvelles, & peut-être auroit-elle ajoûté qu'elles le firent mourir. Touchant sa Mort, aussi bien que le Mal qui en fut cause, on fit l'Epigramme suivante;

L'An mil cinq cens quarante-
sept
FRANÇOIS *mourut à Rambouillet*
De la Verole qu'il avoit.

DE son Tems le Bruit couroit qu'une Ferronniere de Paris,

 belle

belle par excellence, (aussi ne l'appelloit-on que la *belle Ferronniere*), lui donna ce Mal, qu'elle avoit eu de son Mari, qui, pour se venger d'elle & du Roi, l'alla prendre exprès dans un Lieu infame. Le Bruit couroit encore que ce Prince en avoit fait part à la DUCHESSE D'ETEMPES; mais, qu'étant jeune comme elle étoit, FERNEL, lui faisant prendre du Lait d'Anesse, la guérit avec le Tems. Pour FRANÇOIS I, tout excellent que fut ce Médecin, il n'en put être guéri, n'aiant osé hasarder sur lui le Mercure, faute d'en sçavoir toutes les Proprietés qu'on a decouvertes depuis. Dans le Livre qu'il a fait, de la Cure de ce Mal, se voient les Remedes dont il usa pour guérir MESIERES, *Prieur de St. Denis de la Chartre*, & un Médecin docte & en estime.

HEN-

HENRI III eut cette Maladie, de même que son Ayeul, & qui lui fit perdre les Cheveux: & quoique sur un des Côtez de certain Morceau d'or de l'An 1490, c'est-à-dire bien longtems avant le Régne de ce Prince, que m'a montré le docte & curieux SEGUIN, *Doïen de Saint Germain de l'Auxerrois*, il s'y voïe une Perruque longue, frisée, bien garnie, & faite comme celles que portent aujourd'hui les Hommes les plus propres, néantmoins, soit que l Invention en fut perduë, il se vit réduit à prendre une Calotte, où ses Cheveux étoient cousus, mais si mal faite, qu'il la couvroit toûjours de sa Tocque, sans l'ôter devant qui que ce fut, non pas même devant sa Mere, sa Femme, ni les Ambassadeurs; ce qui fait voir, en passant, que l'Invention des Perruques n'est pas nouvelle en France, & que ce n'eſt pas d'aujourd'hui que le Mal de Naples fait tomber les Cheveux. Auſſi, dans le Siécle paſſé, l'on l'appelloit *Pelade*, par Ironie: Nom que j'ai oublié parmi les autres qui lui ont été donnés, mais qui ſe lit dans le *Catholicon*, contre le DUC DE MAÏENNE;

La Pelade vous avez prinſe
Par la Brêche que vous ſçavez;
Gardez-la puiſque vous l'avez,
Car elle eſt de bonne Prinſe.

ON ſçait au reſte qui la lui donna au Siége de Rouën, & de plus, le Proverbe, qui en court (mais je finis, encore bien que ce ne ſoit pas ſans peine, comme aïant toutes les Envies du Monde de nommer, non ſeulement celle qui lui fit ce beau Préſent, mais encore les Princes, & les autres grands Seigneurs qu'on vit tondus si joliment, & sans Rasoirs.) Or, pour montrer que ceci n'est point une Médisance, CIACONIUS raporte que le CARDINAL BRICONNET en mourut; & les autres Historiens du Tems, que d'autres Cardinaux, comme (mais ce seroit révéler bien des Sécrets, & flétrir un peu trop la Pourpre). Il suffit de dire en général que tant d'autres de leurs Collegues craignirent si peu de leur ressembler, que les Satyriques d'alors ajoûtérent à cette Maladie encore un autre Nom tout nouveau à cause d'eux, & l'appellérent *la Vertu Cardinale*. Enfin, ce Mal dévint si commun, qu'il fut tourné en Raillerie, jusques-là, qu'un Homme de Qualité, sans Respect de son Pere, ni de sa Mere, qui l'avoient, fut assés dénaturé (le

Lecteur ajoûtera, s'il lui plait, quelque autre Epitete qui lui est deû, si tant est qu'il s'en puisse trouver une), en tout cas du moins, fut assés impie, après leur Mort, de vouloir leur donner pour Epitaphe ces jolis Vers:

Ici dessous la Mort rongea
Deux Corps, qui ont rongé Broüage.
Ils auroient rongé davantage;
Mais la Verolle les rongea.

F I N.

TABLE DES PRINCIPAUX SUJETS DE CETTE PIECE.

L 4 l'Hôtel-

FIN.

www.ingramcontent.com/pod-product-compliance
Ingram Content Group UK Ltd.
Pitfield, Milton Keynes, MK11 3LW, UK
UKHW012128240726
13965UKWH00005B/2049